Grands Événements I numéro **11**

LA RECONQUISTA,
D'AL-ANDALUS À L'ESPAGNE CATHOLIQUE

— Sept siècles de reconquêtes
en péninsule Ibérique

par Romain Parmentier

50MINUTES

Avec la collaboration de Thomas Jacquemin

LA RECONQUISTA

- **Quand ?** De 722 à 1492.
- **Où ?** Dans la péninsule Ibérique (Espagne et Portugal).
- **Contexte ?**
  - La présence musulmane dans la péninsule Ibérique.
  - La guerre de reconquête du territoire par des souverains chrétiens.
- **Protagonistes ?**
  - Alphonse VI, roi de León, de Castille et de Galice (1040-1109).
  - Ferdinand III, roi de Castille et de León (vers 1201-1252).
  - Isabelle Ire, reine de Castille (1451-1504).
- **Répercussions ?**
  - La fin de la cohabitation religieuse en Espagne.
  - L'ouverture de la péninsule à l'exploration maritime et aux grandes découvertes.

Le 6 janvier 1492, Isabelle Ire de Castille et son époux Ferdinand II (roi d'Aragon, de Castille et de Naples, 1452-1516) entrent victorieusement dans la ville de Grenade, dernier bastion musulman en Espagne. Ils viennent de terminer la *Reconquista* (« reconquête »), une lutte religieuse de plusieurs siècles visant à libérer la péninsule Ibérique de la domination musulmane. L'aboutissement de cette quête donne à l'Europe une Espagne unifiée, tant d'un point de vue religieux que politique, qui s'apprête à devenir une puissance maritime colossale.

La tâche n'en est pas moins difficile pour les royaumes chrétiens de la péninsule au lendemain de la fulgurante invasion musulmane (711). Désorganisés et retranchés dans des zones reculées, ils font face à la puissante al-Andalus (nom donné par les Arabes aux territoires de la péninsule Ibérique sous domination musulmane). La période qui s'ouvre est marquée par une certaine coexistence religieuse entre l'islam, le christianisme et le judaïsme, avec tous les échanges culturels qu'une telle rencontre peut produire. Cependant, la division politique de l'Espagne musulmane au tournant du XIe siècle donne bientôt aux royaumes chrétiens la possibilité de renverser la situation en reconquérant progressivement leur territoire perdu.

Durant les quatre siècles suivants, chrétiens et musulmans s'opposent sans relâche pour obtenir le contrôle des villes de la péninsule. De plus en plus puissants, les royaumes chrétiens parviennent à mettre à mal la résistance musulmane. Peu à peu, l'étendue d'al-Andalus se restreint au point de se limiter à Grenade et à ses alentours à la moitié du XIIIe siècle, avant de disparaître définitivement en 1492. Cette année voit l'accomplissement de l'Espagne chrétienne, et marque le point de départ de son incroyable expansion vers le Nouveau Monde.

CONTEXTE

LA FIN DU ROYAUME WISIGOTH

Faisant partie de l'Empire romain, la péninsule Ibérique subit, au même titre que les autres régions de l'empire, le choc des invasions barbares à la fin du IVe siècle et au Ve siècle. Les Vandales, les Alains et les Suèves sont les premiers à ravager ce territoire, avant d'être chassés par les Wisigoths, alliés à l'empereur romain d'Occident Honorius (384-423). S'installant progressivement, les Wisigoths assoient leur domination sur l'ensemble de la péninsule à partir du Ve siècle. Constitué d'abord en *fœdus* (« royaume fédéré ») fidèle à Rome, le royaume wisigoth devient indépendant à la chute de l'Empire romain d'Occident en 476.

Au début du VIIe siècle, les Wisigoths unifient la totalité de la péninsule Ibérique et y instaurent le catholicisme. Profitant et exploitant l'héritage juridique et administratif laissé par les Romains, le royaume wisigoth d'Espagne est, à l'époque, la plus brillante monarchie d'Europe. Le principe électif de la royauté constitue néanmoins sa faiblesse. En effet, la Couronne n'est pas héréditaire et fait l'objet d'une désignation par les évêques et les nobles du pays. Chaque changement de règne est dès lors propice à des dissensions entre les différents clans de l'aristocratie. Combiné à de mauvaises récoltes et à plusieurs épidémies, ce système provoque la ruine du royaume au début du VIIIe siècle.

LA CONQUÊTE MUSULMANE

En 710, la montée sur le trône wisigoth du roi Rodrigue (mort en 711) suscite une vive opposition de la part du clan des héritiers du roi précédent Wittiza (mort en 709 ou en 710). Ce dernier, bien décidé à reprendre le pouvoir, fait appel aux musulmans d'Afrique du Nord pour parvenir à ses fins. Ceux-ci, en pleine expansion territoriale depuis les révélations du prophète Mahomet (570-632) en 612, viennent au même moment d'achever la conquête du Maghreb. Sous le commandement de Tariq ibn Ziyad (chef berbère, mort vers 720), un contingent de 7 000 hommes passe le détroit de Gibraltar en avril 711. Informé de cette invasion, le roi Rodrigue se précipite immédiatement à la rencontre de l'armée. Mais le nouveau roi est trahi par ses soldats et meurt sous les assauts musulmans durant la bataille de Guadalete (juillet 711). Profitant de cette aubaine pour étendre l'Empire islamique, Tariq ibn Ziyad poursuit la conquête de l'Espagne.

Face à l'impuissance de l'aristocratie wisigothe, les villes de la péninsule sont soumises les unes après les autres. La ville de Tolède, capitale du royaume depuis 554, tombe en octobre 711. En outre, l'armée de Tariq est renforcée par celle de Musa ibn Nusayr (général arabe, vers 640-718) qui prend Séville en 712. Ensemble, ils s'emparent de Saragosse deux ans plus tard et soumettent la vallée de l'Èbre. En quelques années, le royaume wisigoth d'Espagne est réduit à néant. Alors que les conquérants musulmans passent les Pyrénées, ils sont arrêtés à Poitiers en 732 par Charles Martel (prince des Francs, 688-741). Débute alors une période tout aussi glorieuse dans la péninsule Ibérique, celle d'al-Andalus.

AL-ANDALUS OU L'ESPAGNE DES TROIS RELIGIONS

Avec l'invasion musulmane, l'Espagne devient un émirat du califat de Damas, dirigé par la dynastie des Omeyyades (661-750), puis, après la chute de ce dernier, du califat abbasside de Bagdad (750-1258).

Les terres d'al-Andalus n'en font pas moins l'objet de luttes entre les conquérants, notamment entre les Arabes et les Berbères. Il faut attendre l'arrivée en 755 d'Abd al-Rahman Ier (émir de Cordoue,

731-788), dernier représentant de la dynastie omeyyade, pour que la situation de la péninsule se stabilise. Se proclamant émir à Cordoue, le jeune souverain s'efforce jusqu'à sa mort d'unifier l'Espagne musulmane et prend, par conséquent, ses distances avec le calife de Bagdad afin de donner à son territoire une plus grande autonomie. Cette indépendance est finalement confirmée en 929 lorsque l'émir Abd al-Rahman III (vers 890-961) s'autoproclame calife, instaurant définitivement le califat de Cordoue. Al-Andalus connaît alors son âge d'or, qui sera de courte durée, puisqu'en 1031 le territoire est morcelé en *taïfas* (royaumes indépendants), entraînant le déclin progressif de l'Espagne musulmane.

Chose inédite pour l'époque, la société d'al-Andalus fait cohabiter les religions islamique, chrétienne et judaïque sur son territoire. Si les juifs et les chrétiens sont présents dans la péninsule depuis l'époque romaine, ceux-ci n'ont pas été forcés de se convertir à l'islam malgré la conquête musulmane, et conservent donc un certain nombre de droits. Ils sont considérés par les musulmans comme des *dhimmi* (protégés), en raison des origines communes de leurs religions. On parle ainsi de « Gens du Livre », car les trois religions ont au moins l'Ancien Testament en commun. C'est pourquoi les juifs et les chrétiens conservent leur liberté de culte, leurs biens et une certaine autonomie juridique. Ils ne sont toutefois pas considérés au même titre que les musulmans, et doivent s'acquitter d'un impôt foncier et de capitation (impôt par tête).

Cette relative tolérance a ses limites. Même s'ils ne font pas l'objet de persécution massive, les juifs et les chrétiens n'en restent pas moins soumis au pouvoir musulman, et les discriminations sont nombreuses. Mais la cohabitation de ces trois religions engendre également de formidables échanges entre les cultures dans des domaines aussi variés que la médecine, la poésie, l'astronomie et les sciences. Les textes grecs récupérés par les musulmans sont ramenés en Espagne où ils sont copiés et agrémentés du savoir des trois cultures. L'Espagne musulmane devient ainsi un important pôle culturel, mais aussi commercial. L'héritage architectural d'al-Andalus est également à la hauteur de cette riche époque, comme en témoigne l'impressionnante mosquée de Cordoue ou la splendide Alhambra de Grenade.

LA SURVIE DES ROYAUMES CHRÉTIENS DU NORD

La conquête des musulmans est certes rapide, mais pas totale. Dans le nord de la péninsule, de nombreuses zones jugées inhospitalières, isolées ou faisant l'objet d'une forte résistance chrétienne, sont purement et simplement délaissées par les envahisseurs. La population, qui comprend sans doute des nobles wisigoths, mais aussi de nombreuses personnes fuyant l'autorité musulmane, s'organise dès 722 en une nouvelle entité politique qui prend le nom de royaume des Asturies et qui se revendique comme l'héritier du royaume des Wisigoths. Leur territoire s'étend de la Galice au Pays basque, et dispose au sud d'une frontière naturelle formée par les monts Cantabriques et par la vallée inhabitée du Duero, frontière qui le sépare d'al-Andalus. Au début du Xe siècle, la capitale du royaume est transférée à León suite à l'accession au trône de Fruela II (875-926), qui change la désignation du territoire en royaume de León. Progressivement, les zones abandonnées du sud de la vallée du Duero sont occupées, formant ce qu'on appelle la Castille.

Parallèlement, l'extrémité orientale de la péninsule est en proie à des combats entre les musulmans et l'Empire carolingien de Charlemagne (742 ou 747-814). Grâce à leurs conquêtes, les Carolingiens forment la marche d'Espagne, véritable frontière politico-militaire. Les comtés qui en font partie servent de zones défensives entre les possessions carolingiennes et les terres ennemies. Avec le temps, les territoires conquis finissent par s'émanciper pour former à leur tour des royaumes, tels que la Navarre au IXe siècle. En 987, la Catalogne prend de même son indépendance, suivie en 1035 par le royaume d'Aragon. En 1029, la Navarre annexe le comté de Castille, et y instaure la monarchie. Au fil des années, les royaumes chrétiens vont tantôt s'unir, tantôt se séparer au gré des mariages royaux et des héritages. Ils n'en constituent pas moins la force motrice d'une volonté qui se réalisera des siècles plus tard : la reconquête complète de la péninsule Ibérique.

BIOGRAPHIES

ALPHONSE VI DE LEÓN, DE CASTILLE ET DE GALICE

Né vers 1040, Alphonse VI est le deuxième fils de Ferdinand Ier (roi de Castille et de León, mort en 1065). Ce dernier, par la puissance grandissante de son royaume, réussit à imposer le paiement d'un tribut aux *taïfas* de Badajoz, de Tolède et de Saragosse en échange de la paix, rendant ces territoires dépendants du bon vouloir du roi. À la mort de Ferdinand Ier, ses possessions sont divisées entre ses trois fils : la Castille revient à Sanche II (1038-1072), le León à Alphonse VI, et la Galice à Garcia II (vers 1040-1090).

Les prétentions d'Alphonse VI sont à la mesure de celles de son père. À la mort de son frère aîné en 1072, il s'accapare la couronne de Castille. L'année suivante, il s'empare des possessions de son frère cadet en l'emprisonnant, et devient roi de Galice. Son royaume ne cesse de s'agrandir grâce notamment au partage de la Navarre avec le royaume d'Aragon en 1076, dépassant ainsi l'héritage de son père. En parallèle, il continue de prélever des impôts aux *taïfas*, comme le faisait son père.

Déstabilisés, les royaumes musulmans finissent par s'opposer les uns aux autres dans le dernier quart du XIe siècle, facilitant quelque peu la reconquête espagnole. Avec la prise de Tolède en 1085, Alphonse VI connaît sa première grande victoire dans la Reconquista. L'événement est retentissant et apporte un prestige sans précédent à la Castille. Pour les musulmans, c'est une véritable humiliation.

L'assaut des Almoravides l'année suivante met fin aux conquêtes d'Alphonse VI. En octobre 1086, le roi est en effet contraint à la retraite à la bataille de Zallacca. Malgré quelques ripostes ponctuelles, il se contente depuis lors de protéger les acquis chrétiens, dont Tolède, où il décède en 1109.

FERDINAND III, ROI DE CASTILLE ET DE LEÓN

Né vers 1201, Ferdinand III devient roi de Castille en 1217, puis roi de León en 1230, unifiant définitivement les deux royaumes. Il est à l'origine d'une impressionnante vague de reconquêtes des villes d'Andalousie qui lui vaut d'être canonisé en 1671.

Après la prise de Tolède en 1085, deux siècles sont nécessaires pour défaire le pouvoir des Almoravides et des Almohades. En 1212, la victoire d'Alphonse VIII de Castille, grand-père de Ferdinand III, à la bataille de Las Navas de Tolosa libère enfin la route vers le sud de la péninsule. Poursuivant la reconquête, Ferdinand III s'empare des villes andalouses les unes après les autres. En 1236, la ville de Cordoue, siège pendant des siècles du pouvoir musulman, tombe aux mains du roi. Cette tragédie pour les musulmans est acclamée dans toute l'Espagne chrétienne. L'année suivante, la grande mosquée est transformée en cathédrale, consacrant définitivement le changement d'autorité.

Grâce au traité d'Almizra, il parvient en 1244 à limiter l'expansion du royaume d'Aragon en fixant la frontière des royaumes de Valence et de Murcie. Au terme de ces avancées significatives, la menace musulmane est presque écartée.

Ferdinand III décède en 1252 à Séville.

ISABELLE Ire, REINE DE CASTILLE

Née le 2 avril 1451, Isabelle la Catholique est la souveraine qui met définitivement un terme à la présence musulmane dans la péninsule Ibérique avec l'aide de son époux, le roi Ferdinand II d'Aragon. Elle monte sur le trône de Castille à la mort de son frère, le roi Henri IV, en 1474. La jeune reine doit cependant faire face aux prétentions de sa nièce, Jeanne la Beltraneja (1462-1530), qui est mariée au roi du Portugal Alphonse V (1432-1481). Le conflit perdure entre les deux camps jusqu'en 1479, date à laquelle Jeanne renonce définitivement à la Couronne. Pendant ce temps, Isabelle Ire se contente de renouveler la trêve avec l'émirat de Grenade jusqu'en 1481.

Avec la prise de Grenade, dernier émirat de la péninsule, en 1492, elle achève la Reconquista et reçoit à cette occasion les félicitations de tous les monarques d'Europe. Le pape Alexandre VI (1431-1503) leur attribue, à elle et son mari, le titre de Rois Catholiques, témoignant ainsi de l'importance de l'événement. La même année, Isabelle de Castille ordonne l'expulsion des juifs d'Espagne, et apporte son soutien à l'explorateur génois Christophe Colomb (1450/1451-1506) qui s'apprête à mener des expéditions vers le Nouveau Monde.

Le prestige des Rois Catholiques leur permet enfin de réaliser des alliances matrimoniales importantes, notamment avec les Tudors et les Habsbourg. Ces alliances font ainsi d'Isabelle Ire la grand-mère de Marie Tudor (reine d'Angleterre et d'Irlande, 1516-1558) et de Charles Quint (roi d'Espagne, de Sicile, prince des Pays-Bas et empereur germanique, 1500-1558).

Elle décède le 26 novembre 1504 à Valladolid.

LA RECONQUISTA

LES PRÉMICES D'UNE RECONQUÊTE

Si le terme « reconquista » n'apparaît qu'à l'époque moderne, l'idée d'une reconquête visant à récupérer l'héritage du royaume wisigoth et à retrouver l'unité de la péninsule Ibérique remonte, quant à elle, au milieu du IXe siècle. Dans les faits, la résistance débute au lendemain de la conquête musulmane.

Les premières années de l'invasion sont difficiles pour les chrétiens, refoulés au nord de la péninsule. Ces derniers n'ont nullement l'intention de se soumettre et résistent aux assauts des conquérants. En 722, un noble wisigoth nommé Pélage (mort en 737) rassemble les chrétiens réfugiés et parvient à repousser à Covadonga des musulmans qui souhaitaient soumettre les régions montagneuses du nord. Cette première victoire chrétienne est souvent perçue comme le point de départ de la Reconquista. Après ce premier succès, Pélage organise le territoire des chrétiens et devient le premier roi du royaume des Asturies.

Cette résistance n'inquiète toutefois pas les musulmans qui sont bien plus préoccupés par leur situation au nord des Pyrénées, suite à leur défaite à Poitiers en 732 et à leur débâcle lors de la contre-offensive franque de Pépin le Bref (roi des Francs, 715-768).

À partir de 740, le royaume des Asturies bénéficie des dissensions causées par les luttes de pouvoir au sein du camp musulman. Suite à plusieurs sècheresses, ces derniers décident de repartir en Afrique du Nord, libérant au passage le bassin du Duero. Le roi des Asturies profite de l'occasion pour transformer la région en zone tampon inutilisable, en supprimant notamment les murailles de certaines villes, telles que León et Porto, d'où il peut lancer les premiers raids contre le territoire al-Andalus. Protégé par cette zone, le royaume des Asturies peut progressivement s'étendre à la Galice et au Pays basque.

Du côté des Pyrénées, les campagnes de Pépin le Bref et celles de Charlemagne libèrent la Septimanie (littoral de la Gaule méridionale). Les Carolingiens passent ensuite les Pyrénées et marchent entre autres sur Gérone et sur Barcelone, dont les prises en 785 et 801, permettent la création de la marche d'Espagne, dont les terres donneront naissance par la suite à la Navarre, à l'Aragon et à la Catalogne. Face au danger que représente la prise de ces villes, l'émirat de Cordoue intensifie les expéditions contre les Asturies qui, du fait de ces agressions répétées, pourraient s'allier à l'Empire carolingien.

Alors qu'Asturiens et musulmans se livrent une lutte acharnée pendant des décennies, les Asturiens parviennent malgré tout à conserver leur territoire. Grâce à une population qui s'accroît et aidés par une sécurité de plus en plus garantie, les chrétiens occupent progressivement les zones abandonnées. En 856, le royaume de León est à nouveau peuplé par les chrétiens. Sous le règne d'Alphonse III le Grand (838-910), de nouvelles villes sont reprises dans la vallée du Duero, à l'exemple de Porto, de Toro et de Zamora. Le roi remporte également une victoire retentissante en 877 sur les musulmans qui, pour la première fois, demandent une trêve. Le nord du Portugal, le León et la Castille sont désormais sous la domination asturienne, et le bassin du Duero est franchi en 878.

Mais l'avènement d'Abd al-Rahman III en 912 et la transformation de l'émirat en califat en 929 restaurent un pouvoir musulman conséquent sur al-Andalus qui menace à nouveau les royaumes chrétiens. À partir de 976, la pression s'intensifie avec les campagnes de Muhammad ibn Abi Amir (homme d'État et chef militaire espagnol, 938-1002), surnommé al-Mansur (« le Victorieux »). Les expéditions musulmanes sont nombreuses jusqu'au début du XIᵉ siècle, et voient notamment le sac de nombreuses villes, telles que Saint-Jacques-de-Compostelle en 997. Mais ces victoires du califat ne parviennent toutefois pas à venir à bout de la résistance chrétienne qui attend l'occasion propice pour reprendre la Reconquista.

LA PRISE DE TOLÈDE ET LA REVANCHE DES ALMORAVIDES

Si le décès d'al-Mansur en 1002 libère les chrétiens d'un de leurs plus redoutables ennemis, il n'arrange en rien la situation dans le califat qui ne cesse de se dégrader depuis plusieurs années. Ne parvenant plus à imposer leur autorité, des émeutes éclatent dans certaines villes, dont Cordoue, où de nombreux séparatistes exigent la création de royaumes indépendants au sein d'al-Andalus. Profitant de la situation, les royaumes chrétiens participent activement à l'implosion du califat en s'alliant avec l'un ou l'autre clan musulman. Ils récupèrent ainsi l'ensemble des places qu'ils avaient perdues face à al-Mansur.

En 1031, le dernier calife de la ville, Hisham III (975-1036), est finalement chassé de Cordoue. Les conséquences ne se font pas attendre : le califat se sépare en 25 *taïfas* indépendants.

Alors que les chrétiens se contentaient jusqu'alors de coloniser des zones peu peuplées de la vallée du Duero, la division du camp musulman rend possible la mise en place de campagnes militaires en vue de récupérer des territoires beaucoup plus importants. En 1055, Ferdinand Ier de Castille-León s'empare notamment de Viseu et de Lamego. Devant cette menace grandissante, les *taïfas* de Badajoz, de Saragosse et de Tolède décident d'acheter leur tranquillité en payant un tribut au roi de Castille. Ce dernier accepte sans hésiter, car il n'a pas les ressources humaines nécessaires pour préparer de nouvelles conquêtes, mais aussi parce que les tributs vont augmenter les finances castillanes au détriment de celles des *taïfas* désormais dépendants. En 1063, Ferdinand Ier poursuit ses campagnes et ravage le *taïfa* de Séville, lui imposant également un tribut, mais échoue à soumettre celui de Valence en 1065.

À sa mort, son fils, Alphonse VI de León, prend la relève et poursuit la politique de son père. À partir de 1075, le système des tributs finit de ruiner les *taïfas*, provoquant la révolte des populations. Ces derniers n'ont dès lors plus d'autre choix que d'accepter un protectorat. C'est notamment ce qui se produit avec le royaume de Tolède. Menacé de toute part, le souverain Yahya ibn Ismaïl al-Qadir (mort en 1092) finit par accepter le protectorat d'Alphonse VI. Cette décision fait se soulever la ville, et Yahya ibn Ismaïl al-Qadir est chassé. Pour les chrétiens, c'est l'occasion rêvée de marquer un grand coup dans la Reconquista. Prétextant venir en aide au souverain tolédan, Alphonse VI entame le siège de la ville en 1081 et écarte toutes menaces éventuelles des autres *taïfas*. Le 6 mai 1085, Tolède capitule, suivie par le reste du territoire. La victoire est retentissante pour l'Espagne chrétienne qui vient de reconquérir l'ancienne capitale wisigothe. L'ensemble du royaume est alors incorporé à la Castille.

Le centre de l'Espagne est ainsi totalement libéré. Parallèlement, l'Aragon poursuit son expansion vers la vallée de l'Èbre en s'emparant notamment de Monzon (1089) et de Huesca (1096).

Avec la prise de Tolède, la reconquête de l'ensemble du territoire s'annonce rapide. Mais les musulmans d'al-Andalus ne comptent pas abandonner leurs possessions. Dès 1079, ces derniers font appel à la nouvelle dynastie berbère qui s'impose progressivement en Afrique du Nord, les Almoravides. Ces musulmans venant du Sahara mauritanien s'avèrent beaucoup plus rigoristes que leurs coreligionnaires d'Andalousie. Leur chef Yusuf ibn Tachfin (mort en 1106) envahit al-Andalus en 1086 et se confronte aux chrétiens au cours de la bataille de Sagrajas (23 octobre 1086) qu'il remporte. Alphonse VI est alors contraint à la retraite. Malgré ce succès, Yusuf ibn Tachfin décide de repartir vers le Maroc, mais sera toutefois contraint de revenir à plusieurs reprises. Constatant l'impuissance des *taïfas*, les Almoravides prennent possession de la majorité du territoire al-Andalus. Seul le royaume de Valence, aux mains de Rodrigo Diaz, dit « le Cid Compeador » (1043-1099), résiste jusqu'en 1102.

UN PERSONNAGE LÉGENDAIRE

Le Cid, ou Rodrigo Diaz de Vivar de son vrai nom, sert le roi Sanche II de Castille qui lutte à l'époque contre son frère Alphonse VI de León. La victoire de ce dernier en 1072 est un véritable tournant dans la vie du Cid. Supplanté par les fidèles d'Alphonse VI, il s'exile en 1081 et se met au service du souverain musulman de Saragosse, qui lui accorde le droit de propriété de toute conquête à venir. En pleine invasion almoravide, le Cid entame le siège de Valence en 1092, qui finit par tomber en juin 1094. À partir de ce moment, il devient le maître de la ville, et parvient à écraser toutes les rébellions et à repousser toutes les tentatives d'invasions des Almoravides.
Mais son royaume ne résiste pas à son décès. Son unique fils ayant également trouvé la mort, la gestion de Valence échoit à sa veuve qui conserve la ville jusqu'en 1102 avec l'aide de la Castille. Toutefois, la pression almoravide finit par devenir trop forte et l'évacuation est ordonnée. Ces événements ne ternissent cependant pas la figure du Cid, qui fera l'objet de plusieurs œuvres littéraires dont la plus célèbre est la pièce de théâtre de Corneille (poète dramatique français, 1606-1684) en 1637.

Une fois de plus, les décennies suivantes voient une lutte acharnée entre les royaumes chrétiens et l'Espagne musulmane. Les conquêtes sont nombreuses dans chaque camp, et empêchent d'achever la Reconquista jusqu'au XIIIe siècle. L'Aragon connaît toutefois une importante avancée en s'emparant de Saragosse en 1118, repoussant ainsi sa frontière à l'Èbre.

LE DÉCLIN D'AL-ANDALUS ET L'INTERVENTION DES ALMOHADES

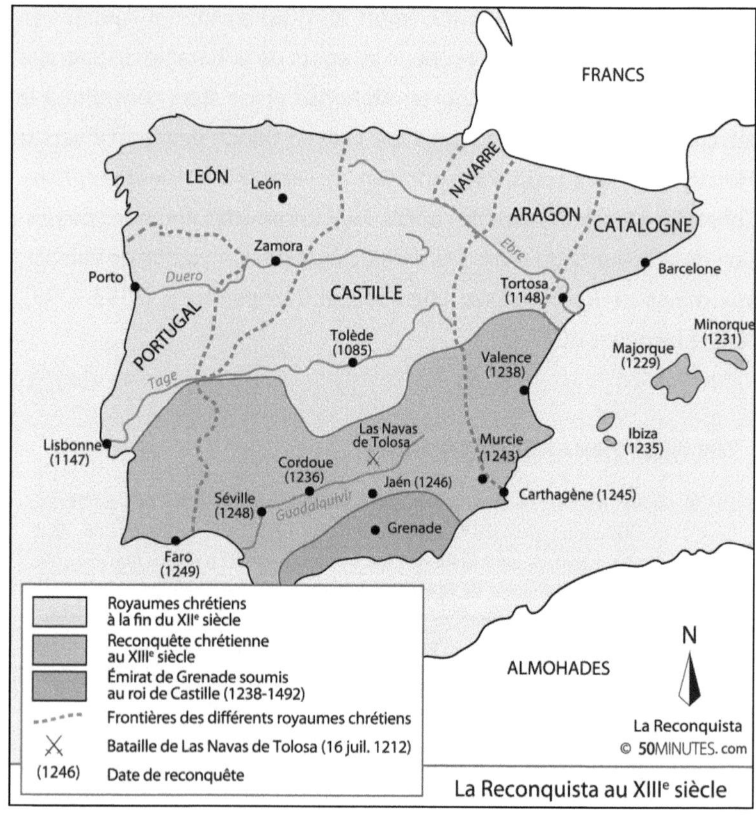

Au milieu du XIIe siècle, l'empire des Almoravides s'effrite. En al-Andalus, ils subissent plusieurs défaites face aux chrétiens, notamment à Ourique le 19 juillet 1139 contre Alphonse-Henri de Portugal (1110-1185), qui prend le titre de roi du Portugal à la suite de cette victoire. Les musulmans souffrent également des campagnes militaires du roi Alphonse VII de Castille (1105-1157), qui poussent ses troupes jusqu'à Cordoue en 1146, sans toutefois parvenir à conserver la ville. La débâcle des Almoravides divise à nouveau le territoire d'al-Andalus en proie à la reconquête chrétienne. Mais un nouveau réveil musulman parvient à renverser la situation. À l'instar des Almoravides au siècle précédent, les Almohades s'emparent du Maroc et viennent porter secours à l'al-Andalus dès 1146.

Malgré ce nouveau soutien, c'est la confusion dans la péninsule, car les Almohades ont dans un premier temps bien du mal à s'imposer et cette situation profite aux chrétiens. En 1147, ils prennent Santarem et Lisbonne, contrôlant ainsi l'embouchure du Tage, et, un an plus tard, ils s'emparent de Tortosa et de l'embouchure de l'Èbre. En 1149, les villes de Lérida et de Fraga tombent également entre leurs mains. Ces succès irritent les Almohades, qui mettent en place une intervention militaire importante dans la péninsule. À partir de 1154, ils prennent le contrôle de Séville et maintiennent ensuite leur pression militaire sur les royaumes chrétiens, condamnés à défendre la ligne du Tage jusqu'à la fin du XIIe siècle. En 1197, Tolède et Madrid sont assiégés, mais les chrétiens résistent toujours.

Face au péril almohade et sous l'impulsion d'Alphonse VIII de Castille, les rois chrétiens décident de mettre leurs divergences de côté pour faire front commun. La Castille, le León, la Navarre et l'Aragon, soutenus par le pape Innocent III (1160-1216) qui appelle à la croisade en Espagne, rassemblent leurs armées et accueillent des renforts venus de France. Parallèlement, une nouvelle armée almohade franchit le détroit en 1211. Le choc décisif a lieu le 16 juillet 1212 à Las Navas de Tolosa. La cavalerie chrétienne y enfonce les lignes musulmanes et disloque complètement l'armée almohade qui est condamnée à une humiliante retraite. Cette victoire marque un tournant décisif dans la Reconquista. Elle ouvre les portes de l'Andalousie et, en quelques années seulement, la quasi-totalité de la péninsule est libérée. En 1229, les Almohades sont définitivement chassés d'Espagne au profit de roitelets qui ne résistent pas longtemps à la puissance des royaumes chrétiens. La même année, l'Aragon s'attaque aux Baléares et s'empare de Majorque (1229-1230), de Minorque (1231) et d'Ibiza (1235).

Au même moment, Ferdinand III de Castille lance une offensive de grande ampleur sur l'ensemble de l'Andalousie. Cette expédition le porte jusqu'à Cordoue en 1236 qui finit par capituler le 29 juin. L'ancienne capitale des Omeyyades tombe ainsi aux mains de la Castille. Dès lors, les reconquêtes s'enchaînent rapidement. En 1238, l'Aragon s'empare de Valence. En 1243, Murcie rend les armes, suivie par Carthagène en 1245, ce qui confère au royaume de Ferdinand III un accès à la Méditerranée. L'année suivante, c'est au tour de Jaén de capituler et enfin Séville en 1248. Le Portugal met également fin à sa propre reconquête, en libérant Faro et toute l'Algarve en mars 1249.

En ce milieu de XIIIe siècle, la Reconquista est pratiquement achevée et, avec elle, tombe l'al-Andalus. La présence musulmane en Espagne se limite désormais à un petit territoire situé autour de Grenade, dirigé depuis 1232 par la dynastie des Nasrides. Ces derniers, souhaitant la paix, négocient rapidement avec Ferdinand III. Ils acceptent de reconnaître le roi comme suzerain et de lui payer un tribut. Cette soumission permet au dernier bastion musulman d'Espagne de se maintenir pendant plus de deux siècles.

LA GUERRE DE GRENADE

Une fois les conquêtes de Ferdinand III terminées et la paix signée avec Grenade, la Reconquista connaît quelques essoufflements. Si les villes d'Algésiras et de Gibraltar sont reprises, la poursuite de la reconquête est compromise pour les royaumes chrétiens ravagés par la peste noire (xive siècle) et déchirés par des guerres civiles à répétition. Par conséquent, tout au long de cette période, les rois de Castille se contentent le plus souvent de renouveler la paix avec les musulmans, même si des incursions de part et d'autre ont souvent lieu.

La situation évolue dans le dernier quart du xve siècle. En effet, la Castille, gouvernée par Isabelle Ire, met fin aux guerres de succession qui agitent le royaume et signe la paix avec le roi du Portugal qui soutenait les prétentions de sa femme Jeanne la Beltraneja au trône de Castille. En outre, Grenade, qui est soumis au tribut espagnol, entre en déclin économique. En 1481, date à laquelle la trêve prend fin, les hostilités reprennent lorsque les musulmans attaquent la forteresse chrétienne de Zahara et s'en emparent. L'occasion est désormais trouvée pour achever la Reconquista. La reine, épaulée par son époux le roi Ferdinand II d'Aragon, décide d'éliminer définitivement la présence musulmane dans la péninsule Ibérique. La guerre de Grenade est officiellement déclarée en 1482 et ne s'achèvera que dix ans plus tard. Mais le combat qui fait rage est inéquitable. Face à la puissante Castille et à l'Aragon, l'émirat paraît bien incapable de résister. D'autant plus qu'il est également fragilisé par d'importantes divisions internes que les Rois Catholiques ne manquent pas d'utiliser à leur profit.

Les débuts de la guerre sont peu favorables aux chrétiens, mal organisés. En juillet 1482, alors que Ferdinand II décide d'assiéger Loja, la ville, trop bien défendue, tient en échec le roi qui cède dès le

14 juillet. Il faut attendre l'automne 1483 pour voir le premier succès chrétien avec la reprise de Zahara. Mais l'avenir s'annonce meilleur pour les souverains chrétiens qui assistent à la division du camp musulman. Fils de l'émir Abu al-Hasan Ali (mort en 1485), le jeune Boabdil (de son vrai nom Abu Abd Allah qui deviendra Muhammad XI, 1459-1532/1533) entre en rébellion contre son père. En avril 1483, il tente de s'emparer de la ville chrétienne de Lucena, mais il y subit une défaite importante et est fait prisonnier par les Rois Catholiques. Conscients de l'importance du personnage, ces derniers décident d'utiliser à leur avantage Boabdil, qui accepte de les servir.

Les années 1485-1487 marquent le début d'une série d'importants succès pour les souverains qui s'emparent de la partie occidentale de l'émirat. Le 22 mai 1485, la ville de Ronda et sa région, la Vega de Grenade, tombent, suivies par Marbella et Loja en 1486 ainsi que Malaga (port principal de l'émirat) un an plus tard. Parallèlement, Boabdil continue de déstabiliser le royaume musulman afin d'en prendre le contrôle. Alors que son père décède en 1485, c'est son oncle Muhammed ibn Sad dit el-Zagal (vers 1444 – vers 1494) qui prend le pouvoir à Grenade. Profitant d'un moment de faiblesse espagnole lors d'un assaut, Boabdil s'enfuit, mais est repris peu de temps plus tard. Avec l'aide des chrétiens, il entre dans Grenade en 1487, devenant ainsi le dernier émir d'al-Andalus, et promet de livrer la ville à Isabelle de Castille quand son oncle sera hors d'état de nuire. En échange, il reçoit un important fief.

AU SOMMET DE L'ALHAMBRA

Les deux années suivantes voient disparaître l'émirat de Grenade, à l'exception de sa capitale. Après six mois de siège, la ville de Baza capitule en décembre 1489, suivie quelques jours plus tard par Guadix et Almería.

En 1490, les chrétiens pensent que la fin de la guerre est proche, puisque Boabdil doit livrer Grenade suite à l'accord passé avec Isabelle Ire et Ferdinand II. Mais la population de la ville, gonflée par des réfugiés de tout l'émirat, s'y oppose farouchement. Après de vaines discussions, les souverains catholiques sont contraints de faire le siège de la ville de Grenade. Le 9 juin 1491, ils établissent leur campement à Santa Fe. La ville tient bon jusqu'au 25 novembre 1491, et ne capitule qu'en échange de garanties, telles que la liberté de culte. L'ayant accordée, une garnison espagnole prend possession de l'Alhambra le 2 janvier et signale par trois coups de canon que la ville est désormais entre leurs mains.

La cérémonie officielle peut alors commencer. En procession depuis Santa Fe, les Rois Catholiques et leur armée font le tour de la ville et se dirigent vers l'Alhambra. Boabdil vient à leur rencontre et remet les clés de Grenade et de l'Alhambra aux souverains. Le drapeau de la Castille est ensuite hissé au sommet de la plus haute tour de la forteresse et l'on crie : « Castille ! Grenade ! Vivent la reine Isabelle et le roi Ferdinand. » (PÉREZ (Joseph), *Isabelle et Ferdinand, Rois Catholiques d'Espagne*, Paris, Fayard, 1988, p. 260). Quatre jours plus tard, le 6 janvier, les souverains entrent officiellement dans la ville, mettant fin à la Reconquista.

RÉPERCUSSIONS

LA FIN DE LA TOLÉRANCE

La dernière phase de la Reconquista menée par les Rois Catholiques consiste en la mise en place d'une unité religieuse. Après des siècles de cohabitation et d'échanges culturels, la tolérance relative entre les religions présentes dans la péninsule est sérieusement remise en question.

Si les communautés juives et musulmanes ont gardé le droit de pratiquer leur culte dans les royaumes chrétiens, ces dernières subissent de nombreuses discriminations à partir du XIIIe siècle et sont peu à peu sujettes à des lois de plus en plus strictes (port de signes distinctifs, logement dans certains quartiers rendu obligatoire, etc.). Ce durcissement pousse de nombreux juifs à se convertir au christianisme à la fin du XIVe siècle. La sincérité de ces conversions reste toutefois discutable pour l'Église et les monarques. Les convertis maintiennent en effet leurs pratiques et restent fortement influencés par la communauté juive. Souhaitant mettre fin à cette situation, Isabelle de Castille et Ferdinand d'Aragon obtiennent, le 1er novembre 1478, le droit de créer un tribunal spécial afin de combattre les hérésies : l'inquisition. Dès 1480, les premiers inquisiteurs sont nommés et chargés de la défense de l'orthodoxie catholique et de la lutte contre l'hérésie en s'attaquant principalement aux convertis qui ont gardé les habitudes de leur ancienne religion. Les juifs et les musulmans non convertis ne sont pas inquiétés par ce tribunal. La Couronne se porte même garante de leur sécurité en maintenant l'ordre public.

Dans un souci de cohésion sociale et d'unité du royaume par la religion, les Rois Catholiques décident le 31 mars 1492 d'expulser tous les juifs non convertis dans un délai de quatre mois, justifiant cette mesure par l'impossibilité d'une assimilation totale des convertis tant qu'une communauté juive reste active dans le territoire. Dans un climat de forte exaltation religieuse, les souverains espèrent ainsi décourager les convertis en supprimant les traces de leur doctrine dans leur royaume. Les juifs, qui quittent l'Espagne, ne peuvent emporter leurs biens, et sont donc contraints de les vendre souvent pour des sommes dérisoires et au profit des catholiques. Beaucoup se rendent au Portugal, où ils seront obligés de se convertir en 1497, en Flandre, en Afrique du Nord ou encore dans l'Empire ottoman.

La communauté musulmane subit le même sort, mais sur une plus longue durée. En 1491, les Rois Catholiques accordent aux musulmans de l'ancien émirat de Grenade la liberté de culte, en gardant le secret espoir qu'ils se convertissent avec le temps. Mais une révolte de la communauté survenue dans la ville en 1499 sert de prétexte pour revenir sur les accords précédents. En 1502, les musulmans de Grenade sont contraints de se convertir au catholicisme et, en 1526, cette mesure s'étend à tout le royaume. Suite à ces mesures, l'Espagne devient officiellement catholique.

Cependant, les morisques (musulmans d'Espagne convertis de force à la religion chrétienne) continuent de pratiquer leur culte à l'abri des regards. La situation perdure durant un siècle, avant que l'Espagne se décide à résoudre définitivement le problème. Le 9 avril 1609, le roi Philippe III (1578-1621) ordonne leur expulsion d'Espagne, contraignant des milliers de personnes à l'exil. Le temps de la coexistence des religions est définitivement révolu par une Espagne qui ne désire qu'une chose : devenir un État catholique comme les autres en Europe.

VERS LE NOUVEAU MONDE

La fin de la Reconquista marque également l'ouverture de l'Espagne à l'exploration maritime, domaine dans lequel elle accuse un certain retard. En 1492, le Portugal s'est déjà lancé à l'assaut des mers depuis de nombreuses années. En 1418, les Portugais sont ainsi à Madère, en 1427 aux Açores. En 1434, ils passent le cap Bojador (actuellement cap Boujdour, Sahara occidental), en 1445, le Cap-Vert, découvrant par là même l'embouchure du Sénégal. La chute de la ville de Constantinople en 1453 et la fermeture des routes commerciales vers l'Orient par l'Empire ottoman ne font qu'accélérer le phénomène. Ils s'approprient ainsi les côtes de l'Afrique jusqu'à dépasser le cap de Bonne-Espérance en 1488, ouvrant un peu plus la route vers les Indes, atteintes en 1498 par Vasco de Gama (navigateur portugais, 1469-1524).

Après des années d'attente, le navigateur génois Christophe Colomb reçoit dans les Capitulations de Santa Fe le financement et l'autorisation de mener à bien un projet pour le moins ambitieux sous l'égide des Rois Catholiques : atteindre les Indes par l'ouest en traversant l'Atlantique. Le 3 août 1492, il quitte les côtes d'Espagne avec trois caravelles et traverse l'océan. Le 12 octobre, il pénètre dans ce qui sera appelé le Nouveau Monde, mais n'aura jamais conscience de l'incroyable vérité qui entoure sa découverte. Ce n'est pas au Japon, en Chine ou en Inde qu'il se trouve, mais bien dans un nouveau continent : l'Amérique. Cette découverte, une fois assimilée, révolutionne la géographie et les connaissances du monde. Elle ouvre surtout une route maritime vers l'ouest et amène de nombreuses richesses dans l'escarcelle espagnole. Au XVIᵉ siècle, les expéditions continuent de se multiplier. L'Europe, qui se sent à l'étroit dans ses frontières, dispose désormais de tout l'espace nécessaire à son expansion.

Fruit d'une lutte de plusieurs siècles, la fin de la Reconquista marque la fin de la coexistence entre les trois cultures présentes dans la péninsule Ibérique. Cependant, elle ouvre cette dernière, et, *a fortiori*, l'Europe entière, à d'autres horizons situés au-delà des océans et des continents. Cette unification, tant religieuse que politique, laisse également derrière elle un goût pour l'aventure, le messianisme et le combat, qui marque profondément les explorateurs et les conquistadors. Après la reconquête vient le temps de la conquête.

711	Invasion musulmane dans la péninsule Ibérique
	Première victoire chrétienne à Covadonga
722	Début de la Reconquista
1031	Morcellement du territoire de l'al-Andalus en *taïfas*
6 mai 1085	Prise de Tolède par Alphonse VI
1212	Bataille de Las Navas de Tolosa
1236	Ferdinand III de Castille libère Cordoue
1248	Ferdinand III de Castille libère Séville
1481	Reprise de la guerre avec la conquête musulmane de la forteresse de Zahara
1491	Capitulation de Grenade
1492	Fin de la Reconquista

La Reconquista © 50MINUTES.com

- En avril 711, un contingent musulman traverse le détroit de Gibraltar et pénètre dans le royaume des Wisigoths. Après la défaite de ces derniers, les musulmans décident d'envahir l'ensemble de la péninsule Ibérique et parviennent à passer les Pyrénées avant d'être arrêtés à Poitiers en 732.

- L'invasion rapide n'est cependant pas totale. Réfugiés derrière les monts Cantabriques au nord, des chrétiens guidés par Pélage résistent et infligent une première défaite au musulman en 722 à Covadonga. Cette victoire permet la survie d'une autorité chrétienne dans la péninsule qui prend le nom de royaume des Asturies.

- Repoussant les musulmans à partir de 732, les Carolingiens passent les Pyrénées et s'emparent de Barcelone en 801, créant une frontière appelée la marche d'Espagne. Ce territoire donnera naissance à la Navarre, à l'Aragon et à la Catalogne quelques années plus tard. À partir du IXe siècle, les Asturiens commencent même à réoccuper le bassin du Duero, premiers pas vers la reconquête.

- Émirat puis califat à partir de 929, al-Andalus connaît l'instabilité et les divisions au début du XIe siècle. En 1031, le califat est révoqué au profit de *taïfas* indépendants. Cette situation profite aux chrétiens, plus puissants militairement, qui imposent aux plus faibles un système de tributs.

- La situation se dégrade notamment dans le *taïfa* de Tolède. Le roi Alphonse VI en profite pour assiéger la ville, qui capitule en 1085. L'effervescence de cette victoire est cependant contrebalancée par l'invasion des Almoravides puis des Almohades au XIIe siècle.

- Face au péril almohade, les souverains chrétiens décident de s'associer. Ils entament sous l'impulsion d'Alphonse VIII de Castille une importante campagne militaire qui débouche sur la victoire de Las Navas de Tolosa en 1212, disloquant complètement l'armée almohade.

- Le pouvoir almohade détruit, les royaumes chrétiens peuvent poursuivre la Reconquista. Ferdinand III de Castille parvient à libérer Cordoue (1236) et Séville (1248). Toute l'Andalousie est peu à peu reconquise, à l'exception du royaume de Grenade, où une paix est signée en échange d'un tribut.

- L'émirat nasride de Grenade se maintient pendant plus de deux siècles. Pour les chrétiens, la menace musulmane est momentanément écartée. La Reconquista est alors quelque peu ralentie suite aux tensions internes qui agitent l'Espagne. La paix avec Grenade est ainsi continuellement renouvelée.

- En 1481, la guerre reprend suite à la conquête musulmane de la forteresse de Zahara. Isabelle Ire de Castille et Ferdinand II d'Aragon décident d'éliminer définitivement la présence musulmane de la péninsule dès 1482. La guerre dure dix ans et voit le territoire de l'émirat progressivement grignoté.

- Après un siège de plusieurs mois, le conflit se termine par la capitulation de Grenade signée le 25 novembre 1491.
- Le 2 janvier 1492, les Espagnols prennent possession de l'Alhambra et reçoivent les clés de la ville du dernier émir Boabdil. Ils peuvent donc entamer leur entrée officielle dans Grenade le 6 janvier mettant un terme à des siècles de reconquête.

POUR ALLER PLUS LOIN

SOURCES BIBLIOGRAPHIQUES

* BALARD (Michel) et MENJOT (Denis), *Les Espagnes médiévales. 409-1474*, Paris, Hachette, 1996.
* CONRAD (Philippe), *Histoire de la Reconquista*, Paris, PUF, 1998.
* « Entre Orient et Occident. Al-Andalus », in *Histoire universelle : L'expansion musulmane*, t. 9, Paris, Hachette, 2006, p. 45-520.
* GRUNBERG (Pierre), « Poitiers : invasion ou raid ? », in *Guerres & Histoire*, n° 16, décembre 2013, p. 36-41.
* LORMIER (Dominique), *Les grands ordres militaires et religieux*, Paris, Éditions Trajectoire, 2006.
* PÉREZ (Joseph), *Histoire de l'Espagne*, Paris, Fayard, 1996.
* PÉREZ (Joseph), *Isabelle et Ferdinand, Rois Catholiques d'Espagne*, Paris, Fayard, 1988.
* RUCQUOI (Adeline), *Histoire médiévale de la péninsule Ibérique*, Paris, Seuil, 1993.

SOURCES COMPLÉMENTAIRES

* BENNASSAR (Bartolomé), *Histoire des Espagnols*, Paris, Armand Colin, 1985.
* GERBET (Marie-Claude), *L'Espagne au Moyen Âge. V^e-XVe siècle*, Paris, Armand Colin, 2000.
* GUICHARD (Pierre), *Al-Andalus (711-1492)*, Paris, Hachette Littératures, 2000.
* LÉVI-PROVENÇAL (Évariste), *Histoire de l'Espagne musulmane*, Paris, Maisonneuve, 1950-1953.
* LOMAX (Derek), *The Reconquest of Spain*, Londres, Longman, 1978.

DOCUMENTAIRE

- *Al-Andalus, l'Espagne au temps des califes*, documentaire réalisé
  par Rob Gardener, États-Unis, 2006.

MUSÉES ET MONUMENTS COMMÉMORATIFS

- Monument à Pélage à Covadonga (Espagne).
- Monument au Cid à Burgos (Espagne).
- Monument à Las Navas de Tolosa (Espagne).
- Palais de l'Alcázar de Séville (Espagne).
- La Giralda de Séville.
- Grande mosquée de Cordoue (Espagne).
- L'Aljaferia de Saragosse (Espagne).
- L'Alhambra de Grenade (Espagne).

www.50minutes.com

Éditeur responsable : Lemaitre Publishing
Rue Lemaitre 4 | BE-5000 Namur
info@lemaitre-editions.com

ISBN ebook : 978-2-8062-5930-1
ISBN papier : 978-2-8062-5931-8
Dépôt légal : D/2015/12603/43
Photo de couverture : © *Rendición de Granada*,
tableau de Francisco Pradilla Ortiz, 1882.

Conception numérique : Primento,
le partenaire numérique des éditeurs